AF338910

L'ASSEMBLÉE PERPÉTUELLE

BREST — TYPOGRAPHIE V. PIRIOU, RUE DE LA MAIRIE.

L'ASSEMBLÉE

PERPÉTUELLE

PAR

PAUL BRANDAT

PRIX : 40 CENTIMES

PARIS

PICHON ET Cᶜ, LIBRAIRES-ÉDITEURS

14 — Rue Cujas — 14

1871

L'ASSEMBLÉE
PERPÉTUELLE

I

— Comment, m'écrivent quelques amis, vous demandez le maintien de cette Assemblée sur laquelle naguère vous déversiez tout votre fiel?... Avez-vous donc changé d'opinion ?

— Je répondrai comme la girouette : Ce n'est pas moi qui tourne, c'est le vent... Ce qui a changé d'opinion, ce n'est pas moi, c'est l'Assemblée... Je comprends aujourd'hui ces paroles, déjà vieilles, de Henri Martin, dans une lettre adressée à la Commune, paroles à peu près résumées par ces mots : « L'Assemblée est moins mauvaise qu'on ne croit; elle est anticésarienne... » Je ne rougis point de me ranger sous la bannière d'un républicain illustre et éprouvé, M. Vacherot. Quand les événements marchent, il faut marcher avec eux.

— Mais cette Assemblée est légitimiste et cléricale jusque dans la moelle des os.

— Non. Vous parlez de l'Assemblée élue le 8 février 1871 ; vous méconnaissez l'Assemblée d'aujourd'hui.

— A quel alchimiste devons-nous cette miraculeuse transmutation, s'il vous plaît?

— A la presse. La presse a fait ce miracle ; elle en fera bien d'autres encore, si nous savons être patients. Pouvons-nous redouter un coup d'État avec M. Thiers à la tête de la République?

— Non.

— Eh bien ! alors, laissons la République se faire toute seule. Elle est dans l'ordre naturel des événements, dans la fatalité des choses. Le meilleur moyen de prouver qu'elle est plus que provisoire, c'est de n'y point toucher.

Avant la nomination de M. Thiers à la présidence, nous n'eussions point tenu ce langage. La presse, en demandant la dissolution de l'Assemblée, en lui faisant sentir sans ménagement combien elle s'égarait loin de l'opinion publique, a rendu au pays un immense service. Mais l'Assemblée a subi cette irrésistible pression : c'est à la presse, à son tour, à reconnaître cette conversion de nos représentants et à les en féliciter.

–Les monarchistes de l'Assemblée le sentent : l'occasion d'une restauration est passée. Or, l'occasion, disaient les anciens, est chauve par derrière... Ils n'osent encore renier leurs anciens dieux, mais ils les adorent d'un culte platonique. Eh bien, ma conviction est telle : la meilleure carte de notre jeu, c'est une Assemblée monarchiste par sentiment et républicaine par raison; rien ne prouve mieux l'irrévocable nécessité de la République.

Ouvrons les yeux : les bonapartistes sont les plus enragés à demander le renversement brutal de l'ordre actuel.

–Un paysan me disait naguère :

— Oh ! pour ça, c'est vrai... Pour la guerre, Napoléon n'était pas fort !... mais pour la vente du bétail,... il n'y en a pas encore eu comme lui.

–Eh bien ! nous ne ferons rien de bon si nous ne prouvons au paysan que le bétail se vend bien sous la République. Pour cela, il faut de la stabilité ; il ne faut point tout remettre en question chaque jour, et partons de ce point : Le paysan aime mieux vendre que voter.

Ah ! ne dédaignons pas les bonapartistes ; cette faction se compose de gens habiles à exploiter la crédulité des campagnes, et nos paysans attribuent encore à Bonaparte le bien-être apporté par les voies ferrées sous leur modeste chaume. Craignons-les, car ils ont beaucoup de savoir-faire et pas l'ombre de moralité.

Parmi les élus du 8 février se trouve un certain marquis, auteur d'une brochure dans laquelle il demande à composer les conseils généraux des propriétaires les plus imposés, avec faculté pour lesdits propriétaires de déléguer, en cas d'empêchement, au conseil général son intendant ou bien son domestique...

C'est assez joli d'invention, n'est-ce pas ?

Ledit député partit vers Bordeaux pour restaurer Henri V en trois jours.

Or, cet original, pour avoir commis une facétieuse brochure, n'en était pas moins un parfait honnête homme. Eh bien ! il a accroché ses vieilles idées aux vieilles armes de sa panoplie et vote aujourd'hui très-passablement.

C'est là l'histoire de notre Assemblée.

Dans l'affreuse bagarre de février, les paysans envoyèrent à l'Assemblée le premier nom honorable

qui leur tomba sous la main. Chose étrange :
le pays, divisé en deux camps, —républicains des
villes, bonapartistes des campagnes, — accoucha
d'une Assemblée légitimiste.

Les plus fantastiques représentants du moyen-
âge composèrent la nouvelle Assemblée. Ils se
regardèrent d'abord avec la stupéfaction que l'on
peut supposer chez des défunts de longue date,
ressuscités tout à coup... Ames loyales, igno-
rantes, Dieu sait, mais pétries de bonne volonté.
Ces revenants allaient commettre une insigne
bévue, quand ils entendirent un grand bruit au
dehors...

— Quel est cet infernal vacarme, demandèrent-
ils tout étonnés ?

— Ça, leur dit un ressuscité mort depuis peu,
c'est la voix de la presse.

— La presse ?... Qu'est-ce que c'est que ça ?

Le récent mort leur fit alors comprendre,
non sans peine, que depuis leur enterrement il
s'était passé en France un grand fait connu sous
le nom de Révolution de 89... D'abord, ils n'en
voulurent point croire leurs oreilles rongées
par les vers,... mais à la porte de l'Assemblée la
presse redoubla son tintamarre et convainquit les
plus sourds.

Cette Assemblée n'a pas proclamé la République, mais elle a fondé la République.

Elle a noblement sacrifié ses goûts personnels sur l'autel de la patrie... Nous devons lui en savoir gré.

Cléricale, mais cléricale jusque dans la moelle des os, nommée bien plus pour restaurer le pouvoir temporel que la monarchie, elle a remis à M. Thiers un blanc seing pour reconnaître la chute de la royauté papale. Hélas! nous savons s'il faut compter avec les cléricaux... Dieu sait quelles calomnies ils eussent pieusement déversées sur la République, si des républicains avaient reconnu la prise de possession de Rome par les Italiens. Aujourd'hui les consciences timorées des catholiques sincères sont apaisées, car ils se disent : La restitution des États pontificaux est bien impossible, car nos députés si cléricaux y ont renoncé.

Les catholiques de l'Assemblée feront de bien autres concessions aux nécessités du temps; aucune autre ne leur semblera si dure.

Cette Assemblée cléricale a renoncé à toute revendication du pouvoir temporel..

Cette Assemblée monarchiste a voté la République.

_Composée d'individualités bourrées de préjugés, elle n'a jamais hésité à sacrifier ses plus chers préjugés à la concorde.

Elle s'est mise courageusement à l'œuvre pour faire évacuer le territoire par les seuls moyens désormais possibles,... car nous avions donné d'irrécusables preuves de notre égoïsme et de notre lâcheté.

Il en coûte à notre plume d'écrire ces tristesses... mais il faut dire la vérité, si dure qu'elle puisse être pour les oreilles, et dût-on la dire avec des larmes dans la voix : cette Assemblée a la confiance de la Prusse,... et la Prusse nous tient toujours le poignard sur la gorge.

Laissons dormir nos dissentiments jusqu'à complète évacuation du territoire.

Ne nous querellons pas sous les regards méprisants de l'étranger.

La République se fait toute seule.

N'allons pas, ouvriers maladroits, troubler cette élaboration féconde.

Sachons tirer profit de la douloureuse histoire des temps passés.

En 1851, de funeste mémoire, la coalition des ultra-radicaux et des bonapartistes a seule rendu possible le coup d'État.

Toute la tactique bonapartiste consiste aujourd'hui à renverser M. Thiers et une Assemblée anticésarienne, irrévocablement liée à la République.

J'ai cette conviction : A l'appel de M. Vacherot, beaucoup d'implacables adversaires de l'Assemblée suivront mon exemple ; en face du double danger de l'occupation prussienne et des intrigues bonapartistes, ils se rallieront à cette Assemblée qui ne *veut* ni ne *peut* renverser la République.

II

Le fait est certain : l'Assemblée, en déclarant son mandat illimité dans ses pouvoirs, indéfini dans sa durée, a froissé l'opinion publique.

Plus d'une personne s'est dit : Nous ne sommes pas des Turcs, et l'Assemblée n'est pas le sultan de Constantinople.

Telle est notre nature : rien ne nous effraie à l'égal de l'inconnu.

On s'est montré inquiet des conséquences de la dissolution de l'Assemblée. Suivant les tempéraments, les uns veulent retarder le plus possible le jour de l'échéance : à leurs yeux, c'est autant de gagné ; les autres préfèrent une crise immédiate à cette menace perpétuelle de bouleversement.

L'impatience de dissolution de l'Assemblée a surtout sa cause dans ces ténèbres dont s'enveloppe l'époque de cette dissolution. On attendrait une date quelconque ; on s'irrite à ces paroles : Nous nous dissoudrons selon notre bon plaisir. On n'est pas plus choqué du mot de Louis XIV : « L'État, c'est moi. »

Pas plus que les partisans de la dissolution immédiate, je ne puis comprendre une Assemblée sans mandat défini ; comme eux, je sens la nécessité de mettre fin à l'état actuel des choses.

D'autre part, au moment où les Prussiens abandonnent à peine les murs de Paris, le péril d'un ébranlement complet de notre régime provisoire frappe tous les esprits sains. L'Assemblée a traité avec les Prussiens ; elle est pour eux le gage de cette paix maudite, mais nécessaire.

Nous voyons dans le système du roulement

(nom donné depuis longtemps par les publicistes) la seule solution possible des difficultés présentes. Seul il satisfait aux nécessités de l'occupation prussienne, à la nécessité de renouveler l'Assemblée, à la cessation de cette tyrannie : un pouvoir non défini.

La perspective de régénérer la Chambre dans un avenir prochain calmera de légitimes impatiences; l'impossibilité d'un bouleversement satisfera les gens d'ordre et donnera aux Prussiens les garanties qu'ils sont *assez forts* pour exiger.

Nous disons :

Aux admirateurs de la Convention : Nous demandons à procéder comme elle; comme elle nous voulons le renouvellement de l'Assemblée par tiers, parce que, dans une situation aussi tendue que la sienne, nous sentons le danger de rompre le fil de la tradition gouvernementale;

Aux radicaux extrêmes : Delescluze — un pur — a préconisé la méthode du roulement dans une série d'articles remarquables;

Aux modérés : La plupart des États de l'Union ont fait du roulement la base de leurs constitutions particulières. Le Sénat du gouvernement fédéral se renouvelle aussi par tiers.

Ce système a donc pour lui, non-seulement la

logique, mais la pratique d'une longue expérience chez le peuple qui a le mieux compris les institutions républicaines.

Je ne puis consentir à une interruption dans l'œuvre de réorganisation entreprise par l'Assemblée. Dans l'état de démoralisation et de désorganisation où nous sommes, nous ne pouvons tout remettre en question tous les jours.

Nous ne sommes plus un peuple libre ;

Nous sommes à la merci de la Prusse ;

Nous ne fonderons aucune institution durable avant d'avoir reconquis notre indépendance nationale.

Si l'ennemi était au delà du Rhin, nous pourrions peut-être nous passer le luxe de changer d'Assemblées comme de chemises.

Là est le grand signe d'abaissement des âmes. Nous donnons à l'Europe le honteux spectacle des Grecs du Bas-Empire discutant sur le Saint-Esprit tandis que Mahomet II arrivait sous les murs de Byzance.

De tous côtés les bonapartistes relèvent audacieusement la tête ; — on appelle hautement le 4 septembre un crime, — on parle d'appel au peuple, de plébiscite, — Sedan est un malheur honorable,

— les plus indignes serviteurs de l'empire sont de grands hommes, des héros méconnus... Ils s'assemblent, jettent sur le coffre-fort des regards langoureux et conspirent.

Dans l'armée, où Bonaparte a laissé des regrets, les sicaires du funèbre héros de décembre répandent, par d'ignobles pamphlets, les calomnies les plus infâmes contre M. Thiers et l'Assemblée... Au paysan, on présente le service obligatoire comme une fantaisie républicaine... Avec l'empire, lui dit-on, pas de service obligatoire, et bonne vente de bœufs.

Quand la réaction en faveur de l'empire sera bien montée, quand par l'intermédiaire des jacobins on aura amassé suffisamment de haine contre l'Assemblée, Bonaparte se défera de M. Thiers par le couteau de quelque communard imbécile, il ralliera une partie de l'armée, l'autre suivra le drapeau de quelque général ambitieux... Les Prussiens interviendront, et comme Bonaparte est seul capable d'accepter l'ignoble besogne qu'ils voudront imposer à notre maître, nous le verrons remonter sur le trône, insatiable d'or et de vengeance.

Le parti républicain se divise en deux camps :

l'un veut faire aimer la République, l'autre veut l'imposer. Nous déclarons nettement appartenir au premier.

Telle est notre foi depuis longues années : Si la tyrannie peut s'établir par la violence, la ruse et le crime, la liberté républicaine ne peut se fonder que par de loyales concessions réciproques.

Il ne sert de rien de cacher la vérité : la France accepte la République, mais sous réserve. Ses plus dangereux ennemis sont ceux-là qui ramènent la monarchie et peut-être l'empire en rendant la République *inhabitable*.

La vipère à écraser, c'est ce jacobinisme niais qui, en 1851, tira les marrons du feu au profit du césarisme.

La République est aujourd'hui l'ordre établi ; elle ne peut sombrer que par un crime habile à exploiter ce radicalisme dont le pays ne veut positivement pas.

La légitimité, culte platonique d'un passé mort aux yeux de ses adeptes, nous protége contre les menées souterraines des orléanistes, grands ambitieux incapables néanmoins d'un crime.

Quant aux bonapartistes, ce qui est honnête peut seul les faire reculer.

Je demande la conciliation :

Entre les partis, pour sauver l'indépendance nationale ;

Entre les citoyens, car ce n'est pas trop de l'union de tous les honnêtes gens pour vaincre l'abominable conjuration communo-bonapartiste.

L'histoire des temps passés révèle aux clair-voyants cette vérité politique éternelle : Derrière Clodius et Céthégus, dans l'ombre, se cache César.

III

Il y a un moyen infaillible de fonder la République ;

Il y a un moyen infaillible de la perdre.

Les jacobins ont opté pour le second parti ; on devait s'y attendre.

Car, si quelques enragés de l'extrême droite voient trop dans nos malheurs une occasion unique de restaurer un pouvoir dont la nation ne veut plus, l'extrême gauche fondé sur le deuil public ses meilleures espérances pour élever sur le pavois quelques personnalités turbulentes parfaitement antipathiques à la masse du peuple, qui veut l'ordre dans la liberté.

Dans les lignes suivantes, je m'adresse donc aux républicains dont l'objectif est un gouvernement durable, et non aux avocats sans causes, aux journalistes sans lecteurs, en quête d'une sous-préfecture raccrochée dans la bagarre.

Pourquoi la France, contrée par excellence des aspirations égalitaires, a-t-elle toujours montré une invincible répugnance pour la seule forme de gouvernement vraiment en harmonie avec ses mœurs?

Parce qu'elle n'a jamais cru trouver dans la République des garanties de stabilité.

Or si, en temps ordinaire, la stabilité importe à la nation, qui vit de travail et non d'émeutes, combien n'est-elle pas plus nécessaire dans les circonstances actuelles, où, sous peine de voir sombrer notre indépendance nationale, nous devons augmenter l'ancien budget de six cent cinquante millions, pour payer les frais d'un accès de dépit de l'Impératrice, dont le prince de Hohenzollern, candidat au trône d'Espagne accepté depuis dix-huit mois par l'Empereur, refusa d'épouser la cousine comme c'était convenu,

On ne se défait point en un jour de dix siècles de préjugés.

Or, de tous nos préjugés le plus invétéré est celui-ci : Personnification de la souveraineté dans un monarque.

On peut connaître l'histoire du premier empire sans se douter de l'existence alors d'un soi-disant Corps législatif; on se rappelle assez bien le Sénat par les trahisons des jacobins titrés, des ducs, comtes et barons sans-culottes, par le sans gêne avec lequel ledit Sénat décrétait la mise en coupes réglées de la nation, pour satisfaire aux caprices du maître.

Quel était à cette époque le vrai souverain, non-seulement dans les faits, mais dans toutes les pensées ? Était-ce Napoléon?... le corpulent Sénat?... ou le muet Corps législatif?

Après 1814-1815, en dépit de la Charte plus ou moins octroyée, le roi n'était-il point encore, aux yeux de tous, le représentant réel de la souveraineté ?

Si, après 1830, pour un nombre fort restreint de politiques, la souveraineté se partageait entre le roi et les chambres, en était-il de même pour l'immense majorité des citoyens?

Aussi, après l'orage de 48, nous sommes-nous

empressés de remettre la souveraineté tout entière aux mains de l'héritier de l'homme qui professât jamais le plus parfait mépris pour la volonté populaire.

Quand Assemblée, municipalités, conseils généraux, décréteraient unanimement la République, quand un plébiscite la consacrerait, elle ne serait point fondée si elle n'est point comprise, et si, après avoir été comprise, elle ne pénètre pas les esprits et les mœurs.

Or, quelle est l'idée républicaine en son essence ?

C'est la représentation de la souveraineté nationale par une ou plusieurs assemblées et non plus par un magistrat héréditaire (1).

La royauté, c'est l'aliénation de la souveraineté entre les mains d'un magistrat héréditaire.

La dictature, c'est l'aliénation occasionnelle de la souveraineté entre les mains d'un seul.

On ne peut tout faire en un jour. Mais, à coup sûr, rien ne sera fait, si l'on ne commence par

(1) Rappelons pour mémoire que souveraineté du peuple et liberté sont choses toutes différentes ; la vraie liberté suppose la souveraineté populaire en exercice ; mais l'abus de la souveraineté populaire peut constituer un despotisme très-réel et très-dur.

convaincre le pays de l'inutilité d'un monarque pour la stabilité sociale. Au contraire, tout plus tard ira de soi, si l'on peut montrer la société en équilibre normal et sans roi.

Comment ferons-nous aimer la République ?

En prouvant, non par des théories auxquelles la masse est peu sensible, mais par l'expérience, que la République est un gouvernement d'ordre et de garanties.

Comment faire regretter la Monarchie ?

En laissant se propager l'opinion très-fausse que la République est un gouvernement sans suite qui remet tout en question tous les jours... Par exemple, en dissolvant l'Assemblée.

Les républicains ont pour leur ligne de conduite un critérium infaillible : Jamais ils ne commettront d'erreur en prenant le contre-pied des propositions jacobines.

Les révolutionnaires demandent la dissolution de l'Assemblée ; donc le véritable intérêt de la République est une Assemblée perpétuelle.

Ne l'oublions pas :

L'épée de Damoclès suspendue sur toutes les têtes, sous la forme d'élections générales en 1852, a fait la fortune du coup d'État.

La République, je le répète, c'est la représentation de la souveraineté nationale par une ou plusieurs assemblées.

L'instabilité, c'est le renouvellement en bloc des organes de la souveraineté.

Le progrès normal, sans à-coups, sans perspective d'ébranlements funestes au travail, aux opérations à longues échéances, à la préparation de l'avenir, c'est :

Une Assemblée perpétuelle conservant la tradition ;

Dont la majorité des membres est au courant des affaires pour les avoir étudiées dans les commissions et discutées aux séances publiques ;

Se retrempant fréquemment dans l'opinion, par des élections à courts intervalles ;

Consultant souvent la volonté populaire sur les grosses questions pendantes.

En conséquence, contrairement à la pétition jacobine demandant la dissolution de l'Assemblée, j'ai l'honneur de proposer, aux citoyens désireux de fonder la République par l'ordre et la stabilité, la pétition suivante :

Art. 1. — L'Assemblée nationale ne sera jamais dissoute.

Art. 2. — Quelle que soit la constitution future ; quelles que puissent être les modifications apportées à l'exercice du droit de suffrage ; -

L'Assemblée se renouvellera par tiers tous les deux ans.

Art. 3. — Les députés sortants seront tirés au sort par délégation départementale, chaque département n'envoyant pas moins de trois députés à chaque élection.

Art. 4. — Les électeurs, pour le renouvellement du premier tiers de l'Assemblée, seront convoqués pour le premier dimanche suivant le 8 février 1873.

Art. 5. — L'Assemblée n'élaborera pas la constitution définitive avant d'avoir été entièrement renouvelée.

Art. 6. — L'Assemblée, eu égard aux pouvoirs conférés au Président de la République, se considérera comme n'ayant pas été modifiée jusqu'au jour de son renouvellement complet.

Brest. — Typographie U. Piriou, rue de la Mairie, 13 ter